# *ΑΝΑΛΥΣΗ PESTLE*

## ΒΑΣΙΚΕΣ ΠΛΗΡΟΦΟΡΙΕΣ

- **Ονόματα:** Ανάλυση PESTLE, ανάλυση PESTEL, πλαίσιο PESTLE.

- **Χρήσεις:** Η ανάλυση PESTLE επιτρέπει σε έναν διαχειριστή να εντοπίσει τους βασικούς μακροοικονομικούς παράγοντες που ενδέχεται να επηρεάσουν τη μελλοντική ανάπτυξη της επιχείρησης.

- **Γιατί είναι επιτυχημένη;** Ο προσδιορισμός των μελλοντικών μακροοικονομικών μεταβλητών που ενδέχεται να παρουσιάζουν ενδιαφέρον και η κατασκευή διαφορετικών σεναρίων επιτρέπουν στον διαχειριστή να προβλέψει καλύτερα τις στρατηγικές αποφάσεις που απαιτούνται για να εξασφαλιστεί η σωστή ανάπτυξη και βιωσιμότητα της επιχείρησης.

- **Λέξεις-κλειδιά:**

    - <u>Ανταγωνιστικό πλεονέκτημα</u>: ένα πλεονέκτημα που επιτρέπει σε έναν οργανισμό να ξεχωρίζει θετικά και να προηγείται των ανταγωνιστών του σε έναν συγκεκριμένο τομέα.

    - <u>Ανταγωνιστική στρατηγική</u>: μεθοδολογία που εφαρμόζεται με στόχο τη μεγιστοποίηση της επιτυχίας της επιχείρησης μέσω καινοτομίας και μεγαλύτερων πλεονεκτημάτων από αυτά του ανταγωνισμού.

# ΑΝΑΛΥΣΗ PESTLE

Κατανοήστε και σχεδιάστε το επιχειρηματικό σας περιβάλλον

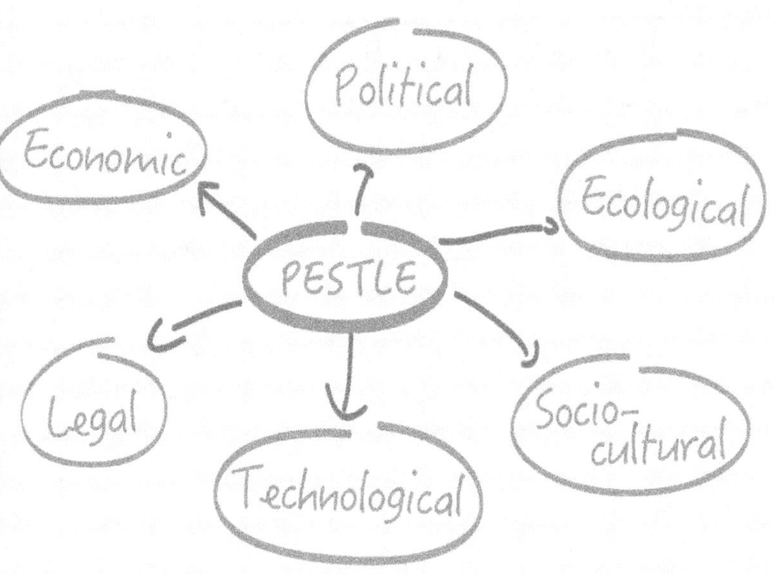

# ΑΝΑΛΥΣΗ PESTLE

Κατανοήστε και σχεδιάστε το επιχειρηματικό σας περιβάλλον

γραμμένο από Thomas del Marmol
μεταφρασμένο από Lina Sideris

50MINUTES.com

- Οικονομική κατάσταση: η συνολική θέση μιας οντότητας, η οποία καθορίζεται από όλα τα πολιτικά, οικονομικά και κοινωνικά στοιχεία της.

- Μεταβλητή Pivot: ένα στοιχείο ζωτικής σημασίας που μπορεί να επηρεάσει σημαντικά την ανάπτυξη της εταιρείας.

- Σενάριο: η πιθανή θεωρητική πρόβλεψη για το εγγύς ή το απώτερο μέλλον.

# Η ΕΤΑΙΡΕΙΑ ΚΑΙ ΤΟ ΠΕΡΙΒΑΛΛΟΝ ΤΗΣ

Χαρακτηριζόμενη από ένα διαρκώς μεταβαλλόμενο περιβάλλον, η σημερινή κοινωνία μας διαφέρει σε πολλά σημεία από ό,τι ήταν πριν. Η προσαρμογή στο μεταβαλλόμενο και ανταγωνιστικό περιβάλλον έχει γίνει πλέον αναγκαιότητα για κάθε μάνατζερ που θέλει να διατηρήσει την επιχείρησή του στην επιφάνεια και να τη βοηθήσει να ευημερήσει τα επόμενα χρόνια. Το περιβάλλον (μακροοικονομική διάσταση) έχει πράγματι αποδειχθεί ότι αποτελεί πηγή τόσο ευκαιριών όσο και απειλών για κάθε επιχείρηση στην αγορά, ανεξάρτητα από τη βιομηχανία ή τον τομέα της.

Επομένως, η επιβεβαιωμένη πρόβλεψη του μακροοικονομικού φαινομένου λάμδα θα προσφέρει σύντομα άμεσο ανταγωνιστικό πλεονέκτημα για τον διαχειριστή, αν αυτό του επιτρέπει να αντιδράσει αποτελεσματικά πριν από τους ανταγωνιστές του. Από την άλλη πλευρά, εάν ένας διαχειριστής υποτιμήσει ένα βαρυσήμαντο γεγονός στην αγορά, θα βρεθεί γρήγορα να αγωνίζεται έναντι των ανταγωνιστών του, των οποίων οι προβλέψεις είναι πιο πλήρεις, καθώς θα πρέπει να αντιμετωπίσει τις ανταγωνιστικές και επιθετικές στρατηγικές τους. Για παράδειγμα, οι εταιρείες που δεν προέβλεψαν εγκαίρως την επέκταση και τις ευκαιρίες που προσέφερε το διαδίκτυο πέρασαν δύσκολα στην αλλαγή της χιλιετίας.

Καθώς η ικανότητα πρόβλεψης ορισμένων μελλοντικών γεγονότων φαίνεται να είναι το κλειδί για την επιτυχία, την καλή ανάπτυξη και, σε ορισμένες περιπτώσεις, ακόμη και την επιβίωση μιας επιχείρησης, υπάρχουν πάντα άνθρωποι που ισχυρίζονται, μετά από μια αλλαγή στο περιβάλλον, ότι οι δείκτες κινούνταν αναπόφευκτα προς αυτή την κατεύθυνση ούτως ή άλλως. Ωστόσο, η πρόβλεψη αυτών των δεικτών δεν είναι καθόλου εύκολη, και κανείς δεν διαθέτει κρυστάλλινη σφαίρα για την πρόβλεψη του μέλλοντος.

Σε αυτό το πλαίσιο αβεβαιότητας εμφανίστηκε η ανάλυση PESTLE, η οποία αποσκοπεί στον εντοπισμό και την ανάλυση των μακροοικονομικών μεταβλητών που αφορούν έναν οργανισμό σε ένα συγκεκριμένο περιβάλλον.

## ΟΡΙΣΜΟΣ ΤΟΥ ΜΟΝΤΕΛΟΥ

Η ανάλυση ονομάστηκε PESTLE σε αναφορά με το ακρωνύμιο που σχηματίζεται από τα αρχικά των έξι κατηγοριών μακροοικονομικών μεταβλητών που περιλαμβάνονται στο μοντέλο (πολιτική, οικονομική, κοινωνικοπολιτιστική, τεχνολογική, νομική και περιβαλλοντική). Πρώτον, το μοντέλο επιτρέπει στους διαχειριστές να προσδιορίσουν τις μακροοικονομικές μεταβλητές που πρέπει να λάβουν υπόψη τους για την ανάπτυξη της επιχείρησης (ευκαιρίες έναντι πιθανών κινδύνων), των οποίων η πιθανότητα εξακολουθεί να είναι σχετικά αβέβαιη. Στη συνέχεια, το μοντέλο μπορεί να βοηθήσει τον διευθυντή να αρχίσει να εννοιολογεί διαφορετικά σενάρια με βάση αυτές τις αβέβαιες μεταβλητές για να προβλέψει καλύτερα τι μπορεί να συμβεί και να λάβει τώρα τις σωστές αποφάσεις για το μέλλον.

##  ΠΟΙΟ ΕΙΝΑΙ ΤΟ ΜΑΚΡΟΠΕΡΙΒΑΛΛΟΝ;

Το περιβάλλον ενός οργανισμού μπορεί να χωριστεί σε τρία διακριτά επίπεδα:

τους ανταγωνιστές και την αγορά,

βιομηχανία (δηλ. ο εταιρικός τομέας),

το μακροπεριβάλλον, το υψηλότερο επίπεδο, το οποίο αποτελείται από ευρείς περιβαλλοντικούς παράγοντες που επηρεάζουν σε μεγαλύτερο ή μικρότερο βαθμό σχεδόν όλους τους οργανισμούς. (Johnson et al., 2008).

# ΘΕΩΡΙΑ

## ΠΛΑΙΣΙΟ ΚΑΙ ΕΝΝΟΙΑ

Η προέλευση της ανάλυσης PESTLE παραμένει σχετικά ασαφής. Ωστόσο, ορισμένοι συγγραφείς συμφωνούν ότι τα πρώτα ίχνη της εμφάνισής της βρίσκονται στο βιβλίο του Francis J. Aguilar, *Scanning the Business Environment* (1967). Εκείνη την εποχή, το μοντέλο ονομαζόταν ανάλυση PEST, η οποία αντιστοιχεί στις αρχικές κατηγορίες μακροοικονομικών μεταβλητών: πολιτική, οικονομική, κοινωνικοπολιτιστική και τεχνολογική.

Χρησιμοποιήθηκε και τελειοποιήθηκε κατά τις δεκαετίες του 1970 και 1980 από αρκετούς αξιόλογους συγγραφείς: Liam Fahey (διευθυντής του συμβουλευτικού οργανισμού Leadership Forum Inc. και καθηγητής διοίκησης στο Boston College), Vadake K. Narayanan (καθηγητής διοίκησης στο Πανεπιστήμιο Drexel) και Arnold Brown (σύμβουλος διαχείρισης έργων), για να αναφέρουμε μερικούς μόνο. Από αυτές τις διάφορες εργασίες, εμφανίστηκαν διάφορες επεκτάσεις του αρχικού μοντέλου με τις ονομασίες PEST, SLEPT ή STEEPLE analysis. Τελικά, διατηρήθηκαν οι πρόσθετες μεταβλητές "νομική" και "περιβαλλοντική", με αποτέλεσμα το μοντέλο PESTLE, το οποίο είναι το πιο ευρέως αποδεκτό σήμερα. Ωστόσο, σημειώστε ότι ορισμένοι προτιμούν να συνδυάζουν τις "πολιτικές" και τις "νομικές" πτυχές υπό τον ενιαίο όρο "πολιτική νομική", δημιουργώντας το ακρωνύμιο PESTE.

# Η συλλογή μεταβλητών

Δεδομένου ότι πρόκειται για ένα δημοφιλές και τακτικά χρησι-μοποιούμενο μοντέλο, τόσο για την ολοκλήρωση επιχειρηματικών σχεδίων, στρατηγικών παραγωγής ή μάρκετινγκ όσο και για την έναρξη νέων σχεδίων (π.χ. όταν αναπτύσσεται ένα νέο προϊόν σε μια αγορά στην οποία η εταιρεία δεν έχει ακόμη εισέλθει), η προσέγγιση πρέπει να είναι συγκεκριμένη.

Ο πρωταρχικός στόχος της ανάλυσης PESTLE είναι ο εντοπισμός των αναπόφευκτων μακροοικονομικών αλλαγών που ενδέχεται να έχουν σημαντικό αντίκτυπο στην ανάπτυξη μιας εταιρείας (όσον αφορά τα προϊόντα της, το εμπορικό σήμα της ή ακόμη και ολόκληρο τον οργανισμό της). Επομένως, δεν πρόκειται για τη διεξαγωγή μιας ολοκληρωμένης μελέτης του εξωτερικού περιβάλλοντος: η σε βάθος ανάλυση των μακρο-οικονομικών μεταβλητών είναι σχετική μόνο σε σχέση με μια συγκεκριμένη εταιρεία, ώστε να μπορεί να προβλέψει τις αλλαγές που είναι πιθανό να συμβούν στην κλίμακά της.

Πράγματι, από όλα τα μακροοικονομικά γεγονότα που θα συμβούν τα επόμενα χρόνια, μόνο ορισμένα από αυτά θα ασκήσουν πραγματική επιρροή στην εξέλιξη της εταιρείας. Ως εκ τούτου, είναι ευθύνη του διευθυντή να διακρίνει μεταξύ των μεταβλητών που μπορούν να επηρεάσουν άμεσα ή έμμεσα τον οργανισμό και εκείνων που θα έχουν μικρό μόνο αντίκτυπο στη βιωσιμότητά του. Ως εκ τούτου, ένα στέλεχος επικεφαλής μιας πετρελαϊκής εταιρείας δεν θα αντιδράσει στις πρόσφατες ανακαλύψεις σχετικά με τη συμβολή του σχι-στολιθικού αερίου με τον ίδιο τρόπο όπως ένα στέλεχος μιας ναυτιλιακής εταιρείας ή ο ιδιοκτήτης ενός καταστήματος με σάντουιτς!

Οι μακροοικονομικές μεταβλητές ταξινομούνται σε έξι διακριτές, αν και σχετικά αλληλοεξαρτώμενες, κατηγορίες.

*Σχήμα 2 – Οι 6 μεταβλητές της ανάλυσης PESTLE*

- **Πολιτικές μεταβλητές.** Οι πολιτικές τάσεις σε μια χώρα (κυβερνητικές πιέσεις, νομισματική πολιτική κ.λπ.) επηρεάζουν σημαντικά την επιχείρηση που επιλέγει να εγκατασταθεί εκεί: οι καθιερωμένες δημόσιες αρχές λαμβάνουν όλο και περισσότερες αποφάσεις που μπορούν να έχουν άμεσο αντίκτυπο στην καθημερινή λειτουργία και στις προοπτικές των οικονομικών (πλασματικοί τόκοι κ.λπ.) και κοινωνικών (βοήθεια στην απασχόληση, επιδοτήσεις κ.λπ.) πτυχών μιας επιχείρησης. Θα πρέπει επίσης να ληφθούν υπόψη και άλλα στοιχεία, όπως οι συγκρούσεις, το επίπεδο διαφθοράς ή ο βαθμός κρατικής παρέμβασης. Επιπλέον, ένας επιχειρηματίας που ξεκινά μια εμπορική επιχείρηση σε μια χώρα με διαρκείς κυβερνητικές συγκρούσεις θα πρέπει να διασφαλίσει ότι ανταποκρίνεται στις ανάγκες των γηγενών κατοίκων, οι οποίες θα είναι διαφορετικές από εκείνες που ζουν σε μια χώρα με σταθερότητα και ειρήνη. Σημειώστε επίσης ότι υπάρχουν φορείς όπως η Ευρωπαϊκή Επιτροπή και ο Παγκόσμιος Οργανισμός Εμπορίου (ΠΟΕ) που διέπουν τις διεθνείς εμπορικές πολιτικές.

- **Οικονομικές μεταβλητές.** Αν και είναι πρακτικά αδύνατο για μια εταιρεία να αλλάξει την οικονομική κατάσταση, μπορεί σίγουρα να κάνει προετοιμασίες για να αντιμετωπίσει καλύτερα τις διακυμάνσεις. Η παρατήρηση της εξέλιξης του ΑΕΠ μιας χώρας, των φορολογικών συντελεστών της και της αύξησης της αγοραστικής δύναμης των κατοίκων θα αποδειχθεί ζωτικής σημασίας για την κατοχή όλων των παραγόντων που είναι απαραίτητοι για τη λήψη διοικητικών αποφάσεων. Η οικονομική επιτυχία μιας επιχείρησης προϋποθέτει επίσης την παρατήρηση των βασικών μεγεθών που σχετίζονται με τον τομέα και την ανάλυση των καταναλωτικών τάσεων. Έτσι, η πρόβλεψη μιας σημαντικής μείωσης της αγοραστικής δύναμης επιτρέπει στην επιχείρηση να προσαρμόσει τη συνολική της στρατηγική για την ελαχιστοποίηση των ζημιών.

- **Κοινωνικοπολιτισμικές μεταβλητές.** Η γνώση των χαρακτηριστικών ενός πληθυσμού (δημογραφικά στοιχεία, ηλικιακή κατανομή κ.λπ.) για την κατανόηση της αγοραστικής του συμπεριφοράς είναι απαραίτητη για την κατάκτηση μιας αγοράς. Επιπλέον, η ιστορία (ρίζες και παραδόσεις) καθώς και οι θρησκευτικές και κοινωνικοπολιτισμικές επιρροές (μόδα, μέσα ενημέρωσης, μέσα επικοινωνίας κ.λπ.) επιτρέπουν στην εταιρεία να βελτιώσει την ανάλυσή της σχετικά με τις ειδικές ανάγκες των ατόμων που αφορά. Για παράδειγμα, οι υπήκοοι των μεσογειακών χωρών αναπτύσσουν διαφορετικές ανάγκες με πολλούς τρόπους από εκείνες των ομολόγων τους στις χώρες της Βαλτικής λόγω του πολιτισμού τους, του κλίματος στο οποίο ζουν ή της θρησκείας τους.

- **Τεχνολογικές μεταβλητές.** Σήμερα, πολλοί ειδικοί εργάζονται σε κάθε γωνιά του πλανήτη, επιδιώκοντας να φέρουν επανάσταση στις υπάρχουσες διαδικασίες. Ενώ ορισμένα από αυτά τα ευρήματα δεν είναι πιθανό να επηρεάσουν την αγορά-στόχο, άλλα έχουν τη δυνατότητα να ανατρέψουν πλήρως τον κανόνα. Η επανάσταση του διαδικτύου ήρθε ως έκπληξη για πολλούς διευθυντές και όσοι προέβλεψαν την αυξημένη χρήση του απέκτησαν σημαντικό ανταγωνιστικό πλεονέκτημα. Ως εκ τούτου, φαίνεται φυσικό να διερευνηθούν οι πρακτικές στον τομέα της Ε&Α

(έρευνα και ανάπτυξη) και της καινοτομίας στον επιλεγμένο τομέα (βασική δραστηριότητα) της εταιρείας. Η συνεχής επανεκτίμηση του προϊόντος, καθώς και των διαδικασιών που εμπλέκονται στην προετοιμασία και την απόκτησή του από τον πελάτη, είναι το κλειδί για την επιτυχή τεχνολογική παρατήρηση.

- **Νομικές μεταβλητές. Η** συνεχής ενημέρωση για τους κανονισμούς (εργατική νομοθεσία, εμπορικοί νόμοι κ.λπ.) στη χώρα όπου βρίσκεται ή θα βρίσκεται η εταιρεία – καθώς η νομοθεσία διαφέρει από τόπο σε τόπο – είναι πλέον ένας από τους καλύτερους τρόπους για να προστατευθεί η εταιρεία από πιθανές νομικές επιθέσεις και να ενεργήσει με τον καλύτερο δυνατό τρόπο εντός των νομικών περιορισμών. Για παράδειγμα, οι κανονισμοί σχετικά με τη μεταφορά όπλων δεν είναι οι ίδιοι σε κάθε χώρα, και κάθε έξυπνος έμπορος που επιθυμεί να δραστηριοποιηθεί στον τομέα αυτό θα προσαρμόσει γρήγορα την επικοινωνία και τη διανομή του σύμφωνα με την ισχύουσα νομοθεσία της εκάστοτε χώρας. Τα φορολογικά κίνητρα μπορεί επίσης να οδηγήσουν έναν καλά ενημερωμένο διαχειριστή να κλίνει προς ορισμένες χώρες παρά προς άλλες.

- **Περιβαλλοντικές μεταβλητές.** Ο $21^{ος}$ αιώνας αποτελεί συνέχεια του $20^{ού}$ αιώνα, τοποθετώντας το περιβάλλον και τη βιώσιμη ανάπτυξη στο επίκεντρο των συζητήσεων περισσότερο από ποτέ. Η ανησυχητική κλιματική αλλαγή, η συνεχώς αυξανόμενη ρύπανση, η διαλογή των αποβλήτων που διαφέρει από χώρα σε χώρα κ.λπ.: σήμερα αυτές οι πτυχές ενδιαφέρουν και απασχολούν όλο και περισσότερους ανθρώπους και όσους τους καθοδηγούν. Αυτή η ανησυχία έχει μερικές φορές άμεσο αντίκτυπο στον εμπορικό κόσμο. Ο έλεγχος της χρήσης ενέργειας ή των επιπέδων ρύπανσης είναι δύο παραδείγματα από τα πολλά μέτρα που λαμβάνονται από τις περιφερειακές, εθνικές ή/και διεθνείς αρχές. Αυτά μπορούν να επηρεάσουν την πορεία των δραστηριοτήτων ενός οργανισμού. Παράλληλα, δημιουργούνται νέες αγορές: για παράδειγμα, στην περίπτωση των βιολογικών προϊόντων.

Ο παρακάτω πίνακας παρουσιάζει μια σύνοψη των κύριων μακροοικονομικών μεταβλητών για κάθε προσδιοριζόμενη κατηγορία. Αυτός ο μη εξαντλητικός κατάλογος θα πρέπει να συμπληρωθεί ανάλογα με τον εταιρικό τομέα και τις συγκεκριμένες χώρες κάθε εταιρείας.

## Προσδιορισμός μεταβλητών άξονα

Η κύρια δυσκολία της άσκησης έγκειται στον προσδιορισμό των σχετικών μεταβλητών σε σχέση με μια συγκεκριμένη εταιρεία. Ο κίνδυνος, αν η ταξινόμηση δεν γίνει σωστά, είναι να καταλήξει κανείς με τόσες πολλές πληροφορίες που δεν θα μπορεί να δώσει τη δέουσα προσοχή σε καθεμία από αυτές και, ως εκ τούτου, θα χάσει ευκαιρίες ή επικείμενες απειλές. Επομένως, είναι σημαντικό να εντοπιστούν οι μεταβλητές άξονα προκειμένου να κατανοηθούν καλύτερα τα κρίσιμα επερχόμενα γεγονότα για την εταιρεία.

Οι μεταβλητές άξονα είναι "οι παράγοντες που θα μπορούσαν να επηρεάσουν σημαντικά τη δομή ενός κλάδου ή μιας αγοράς" (Johnson et al, 2008: 64). Οι μεταβλητές αυτές είναι συνεπώς διαφορετικές ανάλογα με το είδος του κλάδου και της αγοράς – αν και ορισμένοι υποστηρίζουν ότι όλες οι επιχειρήσεις αντιμετωπίζουν τις ίδιες απειλές, καθώς η παγκοσμιοποίηση των αγορών συνεχίζει να αυξάνεται και οι φορείς που διέπουν το διεθνές εμπόριο δημιουργούνται συνεχώς. Επιπλέον, μεταβάλλονται με την πάροδο του χρόνου, γεγονός που οδηγεί σε μια διαρκή αμφισβήτηση των δεδομένων που χρησιμοποιούνται. Είτε πρόκειται για τις προτιμήσεις των καταναλωτών είτε για την οικονομική κατάσταση, η εργασία σε ένα ευμετάβλητο περιβάλλον αναγκάζει τον διευθυντή να συμβουλεύεται ή να ζητά τακτικά έρευνα αγοράς ή να βγαίνει "στο πεδίο" για να επαληθεύει τη συνάφεια αυτών των μεταβλητών.

## Κατασκευή σεναρίων

Αφού τα δεδομένα συλλεχθούν, εντοπιστούν και ταξινομηθούν, με βάση τις μεταβλητές άξονα, σύμφωνα με την πιθανότητα και τις πιθανές επιπτώσεις τους, ο διαχειριστής θα πρέπει να κατασκευάσει σενάρια. Αντιπροσωπεύουν πιθανές εναλλακτικές λύσεις για το μέλλον της εταιρείας. Για παράδειγμα, μία από τις μεταβλητές άξονα του τομέα των ακινήτων συνδέεται άμεσα με τα επιτόκια των ενυπόθηκων δανείων που επιτρέπουν στους ιδιώτες να κάνουν τις επενδύσεις τους. Στην περίπτωση αυτή, ο επικεφαλής μιας κατασκευαστικής εταιρείας θα φανταστεί διαφορετικά σενάρια: ένα στο οποίο το επιτόκιο αυξάνεται ελαφρώς, ένα δεύτερο στο οποίο μειώνεται έντονα, ένα τρίτο στο οποίο παραμένει στάσιμο κ.λπ.

## ΠΛΕΟΝΕΚΤΗΜΑΤΑ ΤΗΣ ΧΡΗΣΗΣ ΤΟΥ ΜΟΝΤΕΛΟΥ PESTLE

Αν και η ανάλυση PESTLE δεν ισχυρίζεται ότι μπορεί να προβλέψει τι επιφυλάσσει το μέλλον, εντούτοις αποδεικνύεται χρήσιμη για την έναρξη προληπτικών και εποικοδομητικών συζητήσεων σχετικά με το μέλλον της εταιρείας. Η κατάλληλη χρήση αυτού του εργαλείου καθιστά δυνατό τον εντοπισμό πιθανών ευκαιριών και απειλών για την εταιρεία, οι οποίες μπορούν γρήγορα να μετατραπούν σε σημαντικό ανταγωνιστικό πλεονέκτημα. Το μοντέλο PESTLE ευνοεί τη συνολική θεώρηση, την ευκαιρία να κάνει κανείς ένα βήμα πίσω και μια ορισμένη ευελιξία.

Η χρήση σεναρίων είναι ιδιαίτερα χρήσιμη όταν υπάρχει μικρός αριθμός μεταβλητών με υψηλό βαθμό αβεβαιότητας. Αυτές μπορούν να οδηγήσουν σε δύο ριζικά διαφορετικά μέλλοντα για την εταιρεία και εναπόκειται στον διαχειριστή να προσδιορίσει σωστά τις απαντήσεις σε κάθε μία από αυτές και, κυρίως, τη δυνητική συμβολή τους στην απόδοση της εταιρείας. Ανάλογα με τα διάφορα σενάρια που περιγράφονται, είναι δυνατόν να προβλεφθούν οι ιδανικές αντιδράσεις σε περίπτωση που υλοποιηθεί κάποιο από αυτά. Είναι επίσης λογικό να ποσοτικοποιηθεί η πιθανότητα να συμβεί κάθε σενάριο, ώστε να προετοιμαστούν εκ των προτέρων τα στοιχεία που είναι απαραίτητα για την επιτυχία της επιχείρησης στο πιθανότερο σενάριο.

Αφού προσδιοριστούν τα διάφορα σενάρια, εναπόκειται στον διαχειριστή και τους συμβούλους του να αναλύσουν διεξοδικά καθένα από αυτά, να εκτιμήσουν την πιθανότητα υλοποίησής τους και τον άμεσο αντίκτυπο που θα είχε αυτό στην εταιρεία.

# ΠΡΑΚΤΙΚΗ ΕΦΑΡΜΟΓΗ

## ΣΥΜΒΟΥΛΕΣ ΚΑΙ ΚΟΡΥΦΑΙΕΣ ΣΥΜΒΟΥΛΕΣ

### Ταξινόμηση και ανάπτυξη πληροφοριών

Η συλλογή μακροοικονομικών στοιχείων συνεπάγεται μερικές φορές τη συμπερίληψη πληροφοριών που δεν είναι πάντα απολύτως αξιόπιστες. Συνεπώς, συνιστάται έντονα στον διαχειριστή να ελέγχει αμέσως τη βασική του αλήθεια, προκειμένου να ελέγξει ότι είναι σωστή. Στην περίπτωση αυτή, είναι επίσης απαραίτητο να συγκρίνει συνεχώς τις πληροφορίες που συλλέγονται με τα νέα δεδομένα της αγοράς.

Φαίνεται, όσον αφορά την ταξινόμηση που προτάθηκε παραπάνω, ότι πολλές μεταβλητές είναι αλληλοεξαρτώμενες. Πράγματι, η εισαγωγή ενός φόρου ρύπανσης αφορά τόσο τις νομικές όσο και τις περιβαλλοντικές πτυχές. Ομοίως, η εμφάνιση νέας τεχνολογίας μπορεί να επηρεάσει ορισμένες οικονομικές και κοινωνικοπολιτιστικές πτυχές μιας χώρας. Έτσι, ακόμη και αν η προτεινόμενη ταξινόμηση είναι χρήσιμη για τον διαχειριστή – ο οποίος καλείται να ταξινομήσει μεταξύ των μεταβλητών – δεν χρειάζεται να εφαρμόζεται συστηματικά σε κάθε λεπτομέρεια. Για την ακρίβεια, η σημασία της ταξινόμησης των μεταβλητών στη μία ή την άλλη κατηγορία είναι σχετική: για παράδειγμα, το να ξοδεύει κανείς ώρες για να αποφασίσει αν η δημοσιονομική πολιτική μιας χώρας σχετίζεται περισσότερο με την πολιτική, την οικονομική ή τη νομική κατηγορία δεν έχει ιδιαίτερο ενδιαφέρον. Καθώς πρόκειται πρωτίστως για μια δομημένη μέθοδο καταγραφής των διαφόρων μακροοικονομικών επιρροών στην επιχείρηση, η πραγματική πρόκληση έγκειται στον προσδιορισμό της συνάφειας αυτών των δεδομένων και των πιθανών επιπτώσεών τους στον οργανισμό. Για να διευκολυνθεί η ταξινόμηση των πληροφοριών, μπορεί επίσης να είναι χρήσιμη η σύγκριση με γεγονότα του παρελθόντος που είχαν αντίκτυπο στον τομέα.

Η κατασκευή των σεναρίων παρέχει μια ολοκληρωμένη εικόνα των πιθανών μελλοντικών καταστάσεων, αλλά δεν θα πρέπει σε καμία περίπτωση να γίνεται πολύ συγκεκριμένα: η ανάλυση PESTLE δεν επιχειρεί να υπαγορεύσει συγκεκριμένες κατευθυντήριες γραμμές, αλλά να ξεκινήσει συζητήσεις σχετικά με τις πιθανές στρατηγικές αποφάσεις που πρέπει να ληφθούν σε περίπτωση που μια κατάσταση που περιγράφεται σε ένα από τα σενάρια υλοποιηθεί. Είναι γενικά σκόπιμο να επιλέγεται ένας ζυγός αριθμός σεναρίων (δύο ή τέσσερα), ώστε να αποφεύγεται ο πειρασμός της προτίμησης του ενδιάμεσου σεναρίου.

## Εφαρμογές

Υπάρχουν πολλές φορές και καταστάσεις όπου η ανάλυση PESTLE είναι κατάλληλη:

- **Η έναρξη μιας νέας επιχείρησης.** Η δημιουργία ενός επιχειρηματικού σχεδίου, το οποίο είναι απαραίτητο για να πειστούν οι μέτοχοι να επενδύσουν στην εταιρεία, απαιτεί τη χρήση στρατηγικών εργαλείων για να καταδειχθεί μια ενδελεχής ανάλυση της αγοράς και της ελκυστικότητας των καταναλωτών. Στο πλαίσιο αυτό, η ανάλυση PESTLE μπορεί να αποδείξει στους επενδυτές ότι το μακροοικονομικό περιβάλλον είναι ευνοϊκό για την ανάπτυξη μιας εταιρείας στην αγορά ή, αν αυτό δεν ισχύει, τουλάχιστον να επιστήσει την προσοχή τους στο γεγονός ότι η εταιρεία έχει επίγνωση των μεταβλητών κινδύνου και υπάρχει τρόπος αντιστάθμισής τους.

- **Η ανάπτυξη νέων προϊόντων ή η έναρξη νέων έργων.** Παρομοίως, η ανάλυση PESTLE επιτρέπει στον διευθυντή να εκτιμήσει αν το περιβάλλον είναι έτοιμο να υποδεχθεί ένα νέο προϊόν στην αγορά. Η απόφαση για την ανάληψη ενός νέου έργου μπορεί επίσης να αποτελέσει αντικείμενο λεπτομερούς ανάλυσης.

- **Επαναξιολόγηση της οργάνωσης της εταιρείας.** Οι επιλογές που έγιναν κατά τη δημιουργία της εταιρείας μπορεί να καταστούν γρήγορα παρωχημένες ενόψει της συνεχούς εξέλιξης των περισσότερων αγορών. Πράγματι, οι προτιμήσεις του πληθυσμού μπορεί να αλλάξουν γρήγορα, οι οικονομικές συνθήκες αυξομειώνονται, εμφανίζονται νέες τεχνολογίες κ.λπ. Η στρατηγική της εταιρείας θα πρέπει να επανεκτιμάται συνεχώς, με τακτικές επικαιροποιήσεις της ανάλυσης PESTLE και άλλων διαγνωστικών εργαλείων, ώστε να συμπεριλαμβάνονται τα πρόσφατα γεγονότα.

- **Η διαδικασία λήψης αποφάσεων για τη στρατηγική μάρκετινγκ.** Η γνώση των μακροοικονομικών μεταβλητών ενός τομέα, ιδίως σε κοινωνικοπολιτισμικό επίπεδο, μπορεί να είναι ζωτικής σημασίας για τη σωστή επικοινωνία με το κοινό του. Ποιες είναι οι πολιτιστικές νόρμες της περιοχής; Ποια είναι η ιστορία της χώρας; Αυτές οι ερωτήσεις θα βοηθήσουν στην αποφυγή δαπανηρών λαθών σε χρόνο και χρήμα για την εταιρεία που θέλει να δει το προϊόν της να υιοθετείται από ένα τμήμα του πληθυσμού.

# Εξωτερίκευση

Οι μεταβλητές που συλλέγονται θα ερμηνεύονται με διαφορετικούς τρόπους ανάλογα με την εμπειρία και το υπόβαθρο των ατόμων που τις αναλύουν. Ένας οικονομολόγος δεν θα αντιληφθεί τις επιπτώσεις μιας κυβερνητικής αλλαγής με τον ίδιο τρόπο όπως ένας δικηγόρος ή κοινωνιολόγος.

Δεδομένου ότι η αλληλεπίδραση των εμπειρογνωμόνων επιτρέπει τη βέλτιστη πρόβλεψη των επιπτώσεων μιας νέας μεταβλητής, καθίσταται απαραίτητη η συνεργασία με τους κατάλληλους ανθρώπους.

# Ανάλυση του τομέα

Η προπαρασκευαστική εργασία που πραγματοποιείται με τη χρήση της ανάλυσης PESTLE βοηθά τον διευθυντή να λάβει τις κατάλληλες αποφάσεις στον τομέα, εκείνες που θα εξασφαλίσουν τη βιωσιμότητα της επιχείρησης. Θα έχουν άμεσο και έμμεσο αντίκτυπο στις διαδικασίες και την εργασία όλων των μελών του οργανισμού.

Ως εκ τούτου, οι αποφάσεις που λαμβάνονται με βάση το πλαίσιο της ανάλυσης PESTLE θα πρέπει να κοινοποιούνται σε ολόκληρο τον οργανισμό, προκειμένου να συσπειρωθεί η ομάδα γύρω από ένα κοινό όραμα το οποίο θα γίνει κατανοητό και θα υιοθετηθεί από όλους. Η υποστήριξη ολόκληρου του οργανισμού είναι ίσως ένα από τα σημαντικότερα κλειδιά της επιτυχίας όσον αφορά τις αποφάσεις που προκύπτουν από την ανάλυση PESTLE. Η εφαρμογή των αποφάσεων που λαμβάνονται σχετικά με την καθημερινή επιχειρηματική ζωή θα διευκολυνθεί.

# ΜΕΛΕΤΗ ΠΕΡΙΠΤΩΣΗΣ

## Βελγικός ταχυδρομικός όμιλος (bpost)

Το 1790 εμφανίστηκε το δημοτικό ταχυδρομείο στο Βέλγιο. Οι δραστηριότητές του αναπτύσσονταν συνεχώς μέχρι να γίνει η ανώνυμη εταιρεία bpost που γνωρίζουμε σήμερα. Παρόλο που η μεταρρύθμιση του 1963, η οποία απαιτούσε να διαθέτει κάθε σπίτι ένα γραμματοκιβώτιο, έδωσε πραγματική ώθηση στην ανάπτυξη του τακτικού ταχυδρομείου, η εταιρεία αντιμετωπίζει νέες προκλήσεις από τις αρχές της δεκαετίας του 2000. Η εμφάνιση νέων μέσων επικοινωνίας και η όλο και πιο δημοφιλής χρήση του διαδικτύου άλλαξαν κάπως την κατάσταση σε έναν τομέα όπου κάποτε κυριαρχούσε το χαρτί. Επιπλέον, ενώ η bpost μονοπωλούσε κάποτε την αγορά των ταχυδρομικών υπηρεσιών, ο ανταγωνισμός άνοιξε το 2011, κλονίζοντας και πάλι τους τρόπους λειτουργίας που είχε συνηθίσει η bpost.

Μέσα σε αυτό το διαταραγμένο πλαίσιο, η εταιρεία αποφάσισε να ξεκινήσει μια νέα υπηρεσία το 2013: το *Shop and Deliver* ή "bpost by appointment", το οποίο έχει ως στόχο να παραδίδει τα ψώνια στα σπίτια των πελατών σύμφωνα με τις παραγγελίες που έχουν δοθεί εκ των προτέρων στον ιστότοπό της. Για τον σκοπό αυτό, στόχος της εταιρείας είναι να συνάψει συνεργασίες με εμπόρους που είναι ήδη εδραιωμένοι στην αγορά, προκειμένου να ικανοποιήσει τον μέγιστο δυνατό αριθμό ανθρώπων. Η Bpost βασίζεται έτσι στην υφιστάμενη μακροχρόνια σχέση εμπιστοσύνης με τους ενδιαφερόμενους φορείς της: αφενός, η εταιρεία προσφέρει ένα μέσο στους πωλητές, όπως μια πλατφόρμα ηλεκτρονικού εμπορίου, που τους επιτρέπει να προσεγγίσουν τους ανθρώπους που κάνουν τις αγορές τους στο διαδίκτυο και, αφετέρου, οι πελάτες της bpost mail επωφελούνται από την υπηρεσία παράδοσης των αγορών τους στο σπίτι τις καθημερινές μεταξύ 17:00 και 21:00. Μπορούν να επιλέξουν τα προϊόντα τους στο διαδίκτυο και να επιλέξουν μια τοποθεσία παράδοσης και ένα χρονικό διάστημα για την ενιαία τιμή των 9,95 ευρώ ανά δέμα.

## Η ολοκληρωμένη ανάλυση PESTLE

Όπως αναφέρθηκε παραπάνω, όταν αποφασίζετε να δρομολογήσετε ένα νέο έργο, μπορεί να είναι συνετό να χρησιμοποιήσετε την ανάλυση PESTLE προκειμένου να κατανοήσετε πλήρως τα μέσα και τα έξω των μελλοντικών μακροοικονομικών μεταβλητών. Στην προκειμένη περίπτωση, οι σχετικές μεταβλητές που επιλέχθηκαν για την παρούσα ανάλυση αναφέρονται στην έναρξη του έργου *Shop and Deliver* που επιθυμεί να υλοποιήσει η bpost.

## Κατασκευή σεναρίων

Μόλις προσδιοριστούν οι άγνωστες μεταβλητές, ο διαχειριστής θα κατασκευάσει διάφορα σενάρια για να προβλέψει την πιθανή εξέλιξη αυτών των μεταβλητών και τον αντίκτυπό τους στην εταιρεία. Δεδομένου του μεγάλου αριθμού μεταβλητών που συλλέχθηκαν για την παρούσα μελέτη περίπτωσης, θα επικεντρωθούμε στην κατασκευή τεσσάρων σεναρίων για τις κοινωνικοπολιτιστικές μεταβλητές.

Η επιτυχία του έργου εξαρτάται τόσο από την αποδοχή της υπηρεσίας από το ευρύ κοινό όσο και από την επέκταση των πωλήσεων μέσω του ηλεκτρονικού εμπορίου. Η εκπλήρωση αυτών των δύο προϋποθέσεων βασίζεται σε μια σειρά από αστάθμητες πτυχές, γι' αυτό και είναι απαραίτητη η κατασκευή διαφορετικών σεναρίων. Το παρακάτω διάγραμμα δείχνει τα διαφορετικά σενάρια εξέλιξης της εταιρείας με βάση την υλοποίηση των μεταβλητών.

Στο εξής, η εταιρεία μπορεί να προβλέψει όλα τα ενδεχόμενα: ο διευθυντής πρέπει να είναι προετοιμασμένος να ανταποκριθεί με τον καλύτερο δυνατό τρόπο σε κάθε σενάριο και να παρέχει προσαρμοσμένες λύσεις σε περίπτωση που συμβεί κάποιο από αυτά.

## Συμπέρασμα

- Εν κατακλείδι, αν και η bpost παραμένει μια εταιρεία που ανήκει ως επί το πλείστον στο βελγικό κράτος, με την πάροδο των ετών απέκτησε όλο και μεγαλύτερη ανεξαρτησία, ώστε να μην μπορεί πλέον να επιβιώνει από τις δημόσιες ενισχύσεις ή από τα περιουσιακά της στοιχεία, γεγονός που την ενθαρρύνει πλήρως να γίνει ιδιαίτερα ανταγωνιστική.

- Η κύρια δραστηριότητά της πάσχει από κακή εικόνα καθώς και από μειωμένη δραστηριότητα λόγω πολλών δυσμενών παραγόντων. Έχει κάθε συμφέρον να χρησιμοποιήσει την τεχνολογική υπεροχή και την κερδοφορία της (17,96% κανονικοποιημένο περιθώριο EBIT το 2013) για να λειτουργήσει μια σειρά από στρατηγικές διαφοροποιήσεις, όπως το *Shop and Deliver*, για να προετοιμαστεί για τις αλλαγές στον τρόπο ζωής των καταναλωτών που χρησιμοποιούν όλο και περισσότερο το ηλεκτρονικό εμπόριο για να κάνουν τις αγορές τους.

- Η δραστηριότητα *"Shop and Deliver"* της εταιρείας θα προσφέρει πρόσθετα έσοδα, επιτρέποντάς της να διαφοροποιήσει τις πηγές κέρδους της. Η πρόταση του έργου έχει εγκριθεί από τη διοίκηση: βρίσκεται επί του παρόντος στο στάδιο της ανάπτυξης και θα δρομολογηθεί κατάλληλα τους επόμενους μήνες. Μόνο ο χρόνος θα δείξει αν το σχέδιο αυτό θα έχει επιτυχία ή θλιβερή αποτυχία.

- Αν και η χρήση της ανάλυσης PESTLE είναι πράγματι σχετική στην περίπτωση αυτή, παραμένει ανεπαρκής. Πράγματι, η ανάλυση αυτή πρέπει να συμπληρωθεί με μια εκτενή έρευνα των δυνατών και αδύνατων σημείων της επιχείρησης για να εντοπιστούν τα κύρια πλεονεκτήματά της στην επιδίωξη της ενσωμάτωσης στο περιβάλλον της και της κερδοφορίας: οι απειλές και οι ευκαιρίες (ανάλυση SWOT), καθώς και το άνοιγμα της αγοράς στον ανταγωνισμό (ανάλυση των πέντε (+1) δυνάμεων του Porter) πρέπει να ληφθούν δεόντως υπόψη προκειμένου να μην παραβλεφθούν πτυχές και να ληφθούν οι καλύτερες δυνατές προβλέψεις.

# ΕΠΙΠΤΩΣΕΙΣ

## ΠΕΡΙΟΡΙΣΜΟΙ ΚΑΙ ΚΡΙΤΙΚΕΣ

Παρόλο που το μοντέλο είναι πολύ δημοφιλές μεταξύ των διευθυντών επιχειρήσεων, η ανάλυση PESTLE, όπως και κάθε άλλο στρατηγικό μοντέλο, έχει ωστόσο τους περιορισμούς της.

- **Σχετική παγκόσμια όραση.** Ένας από τους κύριους περιορισμούς είναι στην πραγματικότητα το αποτέλεσμα ενός από τα πιο δημοφιλή πλεονεκτήματα του μοντέλου: επιθυμώντας να καλύψει ένα ευρύ φάσμα μακροοικονομικών μεταβλητών, ο διαχειριστής μπορεί γρήγορα να βρεθεί καταβεβλημένος από τον όγκο των πληροφοριών που αναπόφευκτα αντιμετωπίζει. Για την ακρίβεια, υπάρχει τεράστια διαφορά μεταξύ του να τονίζεται η σημασία της ταξινόμησης των σχετικών μακροοικονομικών μεταβλητών και του να γίνεται αυτό στην πράξη. Από ένα σημείο και μετά, όλες οι μεταβλητές φαίνονται σημαντικές και ο αριθμός των σεναρίων που πρέπει να κατασκευαστούν είναι τόσο μεγάλος που και ο ίδιος ο Steve Jobs θα δυσκολευόταν να βγάλει σχετικά συμπεράσματα! Το να είσαι ικανός δεν αρκεί πάντα για να εντοπίζεις τις μεταβλητές άξονα. Μερικές φορές είναι απαραίτητο να έχεις καλή διαίσθηση και να την αμφισβητείς: για παράδειγμα, να περιβάλλεσαι από μια διεπιστημονική ομάδα ικανή να αναπτύξει συλλογική νοημοσύνη και να βασίζεσαι σε αρκετή τύχη. Παρ' όλα αυτά, η τύχη μπορεί να επηρεαστεί με την αυστηρή εργασία και την όσο το δυνατόν ευρύτερη ανάλυση.

- **Αναξιόπιστα σενάρια.** Οι καταστάσεις είναι συχνά διαφορετικές στην πράξη σε αντίθεση με τη θεωρία, και αυτό που προβλέπεται δεν συμπίπτει πάντα με την πραγματικότητα. Από αυτή την οπτική γωνία, το εργαλείο φαίνεται χρήσιμο, αλλά δεν διαθέτει συγκεκριμένη αξιοπιστία.

- **Έλλειψη αντικειμενικότητας.** Έχει παρατηρηθεί ότι πολλοί μάνατζερ επιλέγουν να εφαρμόσουν τρία ξεχωριστά σενάρια για μια μεταβλητή περιστροφής: ένα αισιόδοξο σενάριο, ένα απαισιόδοξο σενάριο και ένα μεσαίο σενάριο. Παρόλο που αυτή η τακτική δίνει στον διευθυντή την εντύπωση ότι είναι όσο το δυνατόν πιο αντικειμενικός κατά την ανάπτυξη μιας στρατηγικής, στην πραγματικότητα, αυτό τον αναγκάζει συχνά να αγνοήσει τα άλλα δύο σενάρια υπέρ του μεσαίου σεναρίου. Και τι νόημα έχει η κατασκευή πολλών σεναρίων αν τελικά μας ενδιαφέρει μόνο ένα από αυτά;

- **Επιπτώσεις που είναι αδύνατον να ποσοτικοποιηθούν.** Τέλος, πρέπει να γνωρίζετε ότι ενώ είναι δυνατόν να προσδιοριστούν οι μεγάλες μακροοικονομικές αλλαγές που θα μπορούσαν να επηρεάσουν την αγορά με τη χρήση αυτού του μοντέλου, ο συγκεκριμένος αντίκτυπος αυτών των μεταβλητών στον τομέα παραμένει δύσκολο να εκτιμηθεί και ακόμη πιο δύσκολο να ποσοτικοποιηθεί.

## ΣΧΕΤΙΚΑ ΜΟΝΤΕΛΑ ΚΑΙ ΕΠΕΚΤΑΣΕΙΣ

Δεδομένου ότι η ανάλυση PESTLE αφορά μόνο ένα από τα τρία επίπεδα του περιβάλλοντος του οργανισμού, μια ανάλυση που βασίζεται αποκλειστικά στις μεταβλητές της δεν μπορεί να θεωρηθεί σχετική για την ανάπτυξη μιας στρατηγικής για την εταιρεία.

Αν και αρχικά φαίνεται ενδιαφέρον (για τον εντοπισμό των σημαντικότερων τάσεων στο μακροπεριβάλλον), η διάγνωση PESTLE θα πρέπει να συμπληρώνεται από άλλα εργαλεία που μελετούν το στενό περιβάλλον του οργανισμού, δηλαδή το μακροπεριβάλλον του: βιομηχανία, άμεσοι ανταγωνιστές κ.ο.κ. Αργότερα, η ανάλυση των πέντε (+1) δυνάμεων του Porter και η ανάλυση SWOT ολοκληρώνουν τον προβληματισμό σχετικά με τη στρατηγική της επιχείρησης.

## Ανάλυση πέντε (+1) δυνάμεων του Porter

Η ανάλυση των πέντε (+1) δυνάμεων, που αναπτύχθηκε από τον Αμερικανό καθηγητή Michael Porter το 1979, μας επιτρέπει να παρατηρήσουμε την ελκυστικότητα ενός κλάδου και να προσδιορίσουμε τις ανταγωνιστικές συμπεριφορές του. Το μοντέλο βασίζεται στην έννοια του ανταγωνιστικού πλεονεκτήματος. Ως εκ τούτου, εναπόκειται στον μάνατζερ να παρατηρήσει τις κύριες ανταγωνιστικές δυνάμεις στον κλάδο για να κατανοήσει και να αξιολογήσει καλύτερα τη δύναμη καθενός από τους σημερινούς και δυνητικούς ανταγωνιστές.

## 👁 ΤΙ ΕΙΝΑΙ ΤΟ ΑΝΤΑΓΩΝΙΣΤΙΚΟ ΠΛΕΟΝΕΚΤΗΜΑ;

Η έννοια του ανταγωνιστικού πλεονεκτήματος βασίζεται σε "όλα τα χαρακτηριστικά ή τις ιδιότητες που διαθέτει ένα προϊόν ή μια μάρκα και του προσδίδουν μια ορισμένη υπεροχή έναντι των άμεσων ανταγωνιστών του. Τα χαρακτηριστικά ή οι ιδιότητες αυτές μπορεί να είναι ποικίλης φύσης και να αφορούν το ίδιο το προϊόν [...], τις απαραίτητες ή προστιθέμενες υπηρεσίες που συνοδεύουν τη βασική υπηρεσία ή τις συνθήκες παραγωγής, διανομής ή πώλησης του προϊόντος ή της επιχείρησης" (Lambin and de Moerloose, 2008: 250).

Οι δυνάμεις αυτές αντιπροσωπεύουν:

- τη διαπραγματευτική δύναμη των προμηθευτών

- η διαπραγματευτική δύναμη των πελατών

- η απειλή των νεοεισερχομένων

- υποκατάστατα προϊόντα

- διακλαδικός ανταγωνισμός

- ο ρόλος του κράτους (περιλαμβάνεται αργότερα).

Το έργο της αξιολόγησης των σχετικών δυνάμεων ανήκει στον διαχειριστή: στόχος είναι να προσδιορίσει την τρέχουσα και μελλοντική ελκυστικότητα του τομέα, δηλαδή τις προοπτικές ανάπτυξης και τις επιδόσεις της επιχείρησής του. Γενικά, η ανάλυση των πέντε (+1) δυνάμεων του Porter καταλήγει στον προσδιορισμό των βασικών παραγόντων επιτυχίας που επιτρέπουν τη βέλτιστη ανάπτυξη της επιχείρησης.

## Ανάλυση SWOT

Η ανάλυση SWOT, η οποία αναπτύχθηκε τη δεκαετία του 1960 από διάφορους καθηγητές του Harvard Business School, αποσκοπεί στην εξαγωγή των κύριων συμπερασμάτων από παράγοντες ενδιαφέροντος που σχετίζονται με τα χαρακτηριστικά και το περιβάλλον της επιχείρησης. Η ονομασία του μοντέλου προκύπτει από το ακρωνύμιο που σχηματίζεται από τις λέξεις "Strengths", "Weaknesses", "Opportunities" και "Threats". Έτσι, είναι ευθύνη του υπεύθυνου λήψης αποφάσεων να εντοπίζει τα κύρια δυνατά και αδύνατα σημεία της επιχείρησης και να γνωρίζει τις ευκαιρίες και τις απειλές που αντιμετωπίζει ο τομέας.

Το ενδιαφέρον της ανάλυσης SWOT έγκειται περισσότερο στα συμπεράσματά της παρά στην απαρίθμηση των χαρακτηριστικών της επιχείρησης και του τομέα. Για τον διαχειριστή, τα συμπεράσματα θα είναι τυχόν σημεία ενδιαφέροντος και σημεία προβληματισμού που θα επιτρέψουν την ανάπτυξη μιας στρατηγικής προσαρμοσμένης στην επιχείρηση, όσον αφορά τόσο το εσωτερικό όσο και το εξωτερικό της περιβάλλον.

## ΣΥΓΚΛΙΣΗ ΤΩΝ ΜΟΝΤΕΛΩΝ

Ένας έμπειρος διαχειριστής θα κατανοήσει γρήγορα τα οφέλη της συμπληρωματικής χρήσης αυτών των μοντέλων. Αν και μεμονωμένα μπορεί να εξακολουθούν να είναι χρήσιμα, είναι στην πραγματικότητα μέσω της διασταύρωσης και της αλληλοεπικάλυψης των πληροφοριών μεταξύ τους που μπορούν να διατυπωθούν οι κύριες ορθολογικές στρατηγικές αποφάσεις.

Η ανάλυση του περιβάλλοντος ακολουθεί διάφορα στάδια κατά τα οποία η εφαρμογή ορισμένων μοντέλων θα επηρεάσει την κατασκευή μεταγενέστερων μοντέλων. Αν και η συλλογή πληροφοριών μπορεί να είναι κουραστική, η ανάλυση του περιβάλλοντος είναι απαραίτητη για κάθε επιχείρηση που επιθυμεί να διατηρήσει ένα βιώσιμο ανταγωνιστικό πλεονέκτημα.

# ΠΕΡΙΛΗΨΗ

- Τα πρώτα ίχνη της ανάλυσης PESTLE εμφανίστηκαν το 1967 στο βιβλίο *Scanning the Business Environment* του καθηγητή Francis J. Aguilar, με την ονομασία PEST analysis. Μελετήθηκε και αναπτύχθηκε από πολλούς συγγραφείς και αργότερα έγινε το μοντέλο PESTLE όπως το γνωρίζουμε σήμερα.

- Οι κύριοι στόχοι της ανάλυσης PESTLE είναι η ταξινόμηση των μακροοικονομικών μεταβλητών σε έξι κατηγορίες – πολιτική, οικονομική, κοινωνικοπολιτιστική, τεχνολογική, νομική και περιβαλλοντική – και η πραγματοποίηση ενός βήματος πίσω, το οποίο είναι απαραίτητο για την πρόβλεψη και τη διασφάλιση του μέλλοντος μιας συγκεκριμένης επιχείρησης.

  ○ Η παρατήρηση αυτών των δεδομένων σας επιτρέπει να κατανοήσετε σε ποιο περιβάλλον εξελίσσεται ή θα εξελίσσεται στο μέλλον η επιχείρηση. Αυτή η παγκόσμια και μακροοικονομική άποψη ισχύει για όλες τις επιχειρήσεις.

  ○ Η κύρια δυσκολία του μοντέλου έγκειται στην ταξινόμηση των σχετικών μεταβλητών ανάλογα με την εκάστοτε επιχείρηση. Η συγκέντρωσή τους οδηγεί στον εντοπισμό των μεταβλητών άξονα που θεωρείται ότι επηρεάζουν καθοριστικά την υγιή ανάπτυξη της επιχείρησης, αλλά των οποίων η πιθανότητα εξακολουθεί να είναι αβέβαιη.

- ○ Η ανάλυση PESTLE, είτε χρησιμοποιείται λίγο πριν από την έναρξη μιας νέας εταιρείας, είτε για την έναρξη ενός νέου προϊόντος ή έργου, είτε για την αναδιοργάνωση μιας εταιρείας, είτε όταν αντιμετωπίζει επικείμενες αλλαγές στο περιβάλλον, παρέχει σημαντικές πληροφορίες σχετικά με τις εγγενείς μεταβλητές άξονα μιας δεδομένης κατάστασης. Έτσι, χρησιμοποιώντας τις παρατηρήσεις του, το στέλεχος θα κατασκευάσει έναν αριθμό σεναρίων (κατά προτίμηση ζυγό αριθμό) με βάση τις πληροφορίες που συγκεντρώθηκαν. Ο στόχος είναι η καλύτερη πρόβλεψη μελλοντικών καταστάσεων που είναι πιθανό να αντιμετωπίσει η εταιρεία και η παροχή λύσεων για τη διασφάλιση της βιωσιμότητας και του μέλλοντος της εταιρείας.

- Η ανάλυση PESTLE σας επιτρέπει να ξεκινήσετε μια προληπτική συζήτηση για το μέλλον της εταιρείας, με βάση τις μακροοικονομικές μεταβλητές που συλλέχθηκαν προηγουμένως.

- Η χρήση της από μόνη της είναι ενδιαφέρουσα αλλά ανεπαρκής. Η ανάλυση των πέντε (+1) δυνάμεων του Porter και η ανάλυση SWOT μπορούν να αποδειχθούν χρήσιμο βοήθημα στην ανάλυση του επιχειρηματικού περιβάλλοντος (μικροπεριβάλλον).

- Η περίπτωση της εταιρείας bpost καταδεικνύει τη σημασία της ανάλυσης του κατά πόσον το περιβάλλον είναι ευνοϊκό για την έναρξη ενός νέου έργου, όταν η εταιρεία βρίσκεται αντιμέτωπη με ένα μεταβαλλόμενο περιβάλλον.

- Τέλος, είναι σημαντικό να θυμόμαστε ότι η ανάλυση PESTLE είναι ένα πολύτιμο εργαλείο, αν και δεν μπορεί να προβλέψει με βεβαιότητα τι επιφυλάσσει το μέλλον. Ωστόσο, επιτρέπει στις εταιρείες να εντοπίσουν τις σημαντικότερες τάσεις, προκειμένου να προετοιμαστούν καλύτερα και να υπερασπιστούν το ανταγωνιστικό τους πλεονέκτημα.

## ΒΙΒΛΙΟΓΡΑΦΙΑ

AWT. (2013) *L'e-commerce 2013 en Wallonie*. [Online]. [Πρόσβαση 11 Μαΐου 2015]. Διαθέσιμο από το Internet Archive: < https://web.archive.org/web/20131202084750/ http://www.awt.be/web/dem/index.aspx?page=dem, fr,b13,ent,050>

Bpost. (2013) *Ετήσια έκθεση της Bpost για το 2012*. Βρυξέλλες: Bpost.

Curau, L. (2012) Avantages concurrentiels : les cinq forces de Porter. *Cafedelabourse.com*. [Online]. [Accessed 11 May 2015]. Διαθέσιμο από: < https://www.cafedelabourse.com/ dossiers/article/avantages-concurrentiels-les-5-forces-de-porter#>

Dcosta, A. (2011) Ιστορία και εφαρμογή της ανάλυσης PESTLE. *Bright Hub Project Management*. [Online]. [Πρόσβαση 11 Μαΐου 2015]. Διαθέσιμο από: < http://www.brighthubpm. com/project-planning/100279-pestle-analysis-history-and-application/>

Duguay, B. (2014) La capacité stratégique. *UQAM*.

Johnson, G., Scholes, K., Whittington, R. and Fréry, F. (2008) *Stratégique*. [8η έκδοση]. Paris: Pearson Education.

Kashi, K. and Dočkalíková, I. (2014) MCDM Methods in Practice: PESTEL Analysis: Determining Importance of PESTEL Analysis Criteria. *Διεθνείς Ημέρες Στατιστικής και Οικονομικών*. [Online]. [Πρόσβαση 11 Μαΐου 2015]. Διαθέσιμο από: < http://msed.vse.cz/msed_2014/article/362-Dockalikova-Iveta-paper.pdf>

Lambin, J-J. and de Moerloose, C. (2008) *Marketing stratégique et opérationnel. Du marketing à l'orientation de marché.* [7η έκδοση]. Paris: Dunod.

Lopez, F. (2011) L'analyse PESTEL. *Actinnovation.* [Online]. [Πρόσβαση 11 Μαΐου 2015]. Διαθέσιμο από: < http://www.actinnovation.com/innobox/outils-innovation/analyse-pestel>

Nadkarni, S. and Narayanan, V. K. (2007) Strategic Schemas, Strategic Flexibility, and Firm Performance: the Moderating Role of Industry Clockspeed. *Strategic Management Journal.* 28(3), σελ. 243-270.

Ανάλυση PESTLE. (2014) *Τι είναι η Ανάλυση Πεστέλων;* [Online]. [Πρόσβαση 11 Μαΐου 2015]. Διαθέσιμο από: < http://pestleanalysis.com/>

Porter, M. E. (2008) Οι πέντε ανταγωνιστικές δυνάμεις που διαμορφώνουν τη στρατηγική. *Harvard Business Review.* 86(1), σελ. 25-40.

Post&Parcel. (2012) H *Bpost επεκτείνει τις δοκιμές παράδοσης κατ' οίκον την ίδια ημέρα.* [Online]. [Πρόσβαση 11 Μαΐου 2015]. Διαθέσιμο από: < http://postandparcel.info/52078/news/companies/bpost-extends-same-day-home-delivery-trials/>

Srivastava, R. K., Fahey, L. and Christensen, H. K. (2014) The resource-Based View and Marketing: The Role of Market-Based Assets in Gaining Competitive Advantage. *Journal of Management.* 27(6), σελ. 777-802.

## ΠΡΟΣΘΕΤΕΣ ΠΗΓΕΣ

Aguilar, F. J. (1967) *Scanning the Business Environment.* New York: New York: Macmillan.

ιστοσελίδα *bpost*. http://www.bpost.be/site/fr/postgroup/index.html

Ιστοσελίδα *Happycapital*. http://www.happy-capital.com/

Silva, N. (2012) Ανάλυση SWOT έναντι ανάλυσης PEST και πότε να τις χρησιμοποιείτε. *Creately*. [Online]. [Πρόσβαση 11 Μαΐου 2015]. Διαθέσιμο από: < http://creately.com/blog/diagrams/swot-analysis-vs-pest-analysis/>

Walsh, P. R. (2005) Dealing With The Uncertainties of Environmental Change by Adding Scenario Planning to The Strategy Reformulation Equation. *Management Decision*. 43(1), σ. 113-122.

Yüksel, I. (2012) Ανάπτυξη ενός πολυκριτηριακού μοντέλου λήψης αποφάσεων για την ανάλυση PESTEL. *International Journal of Business and Management*. 7(24).

Κύριο ISBN: 9782808600279
ISBN: 9782808601726
Νόμιμη κατάθεση: D/2022/12603/173

Ψηφιακός σχεδιασμός: Primento,
ο ψηφιακός συνεργάτης των εκδοτών.